AFFAIRE MARIE

CONTRE L'ÉTAT

UNE ERREUR ADMINISTRATIVE

Chomages imposés illégalement à l'Usine dite Le Moulin des Toiles

Sise à ENTRAIGUES (Vaucluse)

1850-1861

MÉMOIRE

EN DÉFENSE POUR

M. le Préfet de Vaucluse représentant l'État

Avec, en regard du texte, les objections du sieur **MARIE,** *demandeur*

SUIVI D'UNE CRITIQUE DUDIT MÉMOIRE

Avignon. — imp. F. Seguin.

MÉMOIRE EN DÉFENSE

Pour M. le Préfet de Vaucluse, représentant l'État,

Contre le sieur Marie.

OBJECTIONS DU DEMANDEUR	TEXTE DU MÉMOIRE EN DÉFENSE
	Faits
	La solution qui s'impose au Conseil de préfecture dans cette affaire ressort du seul exposé des faits.
	Nous devons, en conséquence, les résumer aussi brièvement que possible et bien préciser l'origine et l'objet de la demande.
	I. — Le sieur Marie, dit Chevalier, était, en 1850, locataire de trois usines hydrauliques : *un moulin à broyer la garance, une fabrique à garancine pour le traitement de la garance broyée, et une cartonnerie*, dont il acquit ultérieurement la propriété. Ces trois établissements étaient situés sur des dérivations de la Sorgue traversant la commune d'Entraigues, au lieu dit *le Moulin des Toiles*.
	Avant d'arriver aux roues de la dernière usine, le courant passait sous une longue voûte, en travers de

OBJECTIONS DU DEMANDEUR	TEXTE DU MÉMOIRE EN DÉFENSE

laquelle était établie une vanne maintenant la hauteur d'eau nécessaire à la marche des moteurs. Le trop plein du courant et les eaux utilisées étaient dirigés vers la rivière par un canal de fuite (1), qui traversait et alimentait d'eau le village d'Entraigues.

(1) C'est une erreur ; ce n'était point un des canaux de fuite ou sous-bief qui traversait le village, mais une subdivision du canal d'amenée, c'est-à-dire le canal du Moulin-Neuf.

Quoique le cours de la Sorgue devînt considérablement plus faible pendant la saison d'été, les habitants d'Entraygues n'avaient cependant jamais eu à souffrir de cette diminution. En effet, pendant la sécheresse une forte prise d'eau était faite au canal de Vaucluse et ramenait le débit de la Sorgue à son état normal.

(2) Pourquoi, à l'égal de l'usinier, la Commune ne protestait-elle pas contre cette surélévation du barrage en question au profit de la ville d'Avignon ?

Mais vers 1850, l'administration du canal de Vaucluse dut surélever (2), dans l'intérêt des populations desservies par ce canal, les vannes de la prise d'eau dont il s'agit. Par suite de cette mesure, la Sorgue fut donc réduite pendant l'été suivant à son volume naturel, c'est-à-dire à un simple filet d'eau (3).

(3) C'est pour cela que l'Administration imposait à l'usinier l'obligation de manœuvrer ses vannes de manière à laisser constamment dans la dérivation qui traversait le village des hauteurs minima d'eau atteignant 1ᵐ 03. (Voir rapport des 15 janvier et 20 août 1853.)

Parmi les communes qui souffrirent de cet état de choses, celle d'Entraigues était une des plus éprouvées.

(4) C'est faux, puisque la pétition même des habitants d'Entraigues qui provoqua l'intervention de l'Administration porte qu'il passait de 15 à 20 centimètres d'eau dans le canal.

Indépendamment de la privation d'eau, le dessèchement (4) du lit de la dérivation qui traversait le village avait amené d'autres conséquences fâcheuses, dues au voisinage des usines du sieur Marie. Des bancs de

OBJECTIONS DU DEMANDEUR

(1) C'est tout à la fois fantaisiste et absurde : fantaisiste, puisque la Commune elle-même accuse qu'il y a de 15 à 20 centimètres d'eau dans le canal ; absurde, car, s'il en avait été ainsi, les mesures administratives seraient allées à l'encontre du but poursuivi, puisqu'elles prescrivaient que les vannes de prises et motrices de la papeterie seraient entièrement abaissées. Ceci est la conséquence de l'erreur relevée ci-dessus et qui fait dire à l'auteur du Mémoire que c'était le canal de fuite qui traversait le village, alors que celui-ci allait au contraire se jeter dans la Sorgue en évitant constamment le village.

L'argument serait bien trouvé ; malheureusement il se retourne contre son auteur.

(2) Les bons effets de cette inqualifiable voie de fait ont été de mettre la Commune dans l'obligation de payer en 1882 une somme de 16 000 francs, pour le préjudice causé à l'usinier locataire.

(3) Les doléances de la Commune datent de 1847, et l'acharnement de celle-ci contre l'usinier, provenait précisément de ce que l'Administration avait, jusque-là, proclamé la régularité de la situation de l'usinier (voir rapport du 12 janvier 1848), en ajoutant que, si la Commune croyait devoir lui contester la propriété du canal, c'était devant les tribunaux qu'elle devait porter son action et non devant l'Administration qui n'y pouvait rien.

TEXTE DU MÉMOIRE EN DÉFENSE

vase (1) provenant de la cartonnerie étaient mis à nu, et sous l'influence combinée de la chaleur et de l'air, cette vase, décomposée par les produits chimiques ayant servi au traitement des matières broyées par le moulin à garance, fermentait et dégageait des miasmes pestilentiels.

Pour remédier à ces divers inconvénients, le maire d'Entraigues eut d'abord l'idée de faire construire, en travers du lit du canal, un bâtardeau formant retenue ; mais les bons effets (2) de cette mesure ne durèrent pas longtemps, car, au fur et à mesure que le niveau s'élevait dans le bief inférieur, l'usinier deplaçait sa vanne pour conserver, au détriment du débit, la même hauteur de chute.

La situation menaçait de devenir intolérable pour les habitants d'Entraigues, qui portèrent leurs justes doléances (3) devant l'autorité administrative.

| OBJECTIONS DU DEMANDEUR | TEXTE DU MÉMOIRE EN DÉFENSE |

(1) Et le prétendu défaut d'autorisation des usines, pourquoi l'auteur du Mémoire omet-il de le mentionner ? N'était-ce point le principal, sinon l'unique motif de l'intervention de l'Administration ?

Les rapports des 5 mai 1861 et 20 octobre 1862 font justice de cette erreur de l'Administration.

(2) Ce texte, habilement tronqué et par par suite dénaturé, demande à être cité entièrement. (Voir le texte de l'arrêté.) L'ouverture de cette vanne n'était qu'un accessoire obligé de la mesure. En effet cet arrêté prescrivait : le chômage absolu de la papeterie et de la fabrique de garance, et le chômage conditionnel de la garancine. Or la vanne en question commandait à la fois le niveau des eaux dans le canal d'amenée de la garancine et dans le canal allant au village, il fallait donc, pour que la garancine pût marcher, que la dite vanne fût relevée.

Il importe d'observer que l'art. 6 de cet arrêté porte : « Les droits des tiers « sont et demeurent expressément réser- « vés. »

(3) C'est absolument faux : s'il s'y était refusé, l'Administration n'eût pas manqué de l'y contraindre ; d'ailleurs pourquoi s'y serait-il refusé, puisque ses droits étaient réservés par l'art. 6 de l'arrêté préfectoral.

II. — C'est dans ces conditions que, le 19 septembre 1850, M. le Préfet de Vaucluse, invoquant uniquement (1) les raisons d'utilité et de salubrité publiques indiquées ci-dessus, a pris un arrêté destiné à faire cesser les inconvénients de la situation que nous avons signalée.

Il suffira de citer les motifs de cette décision préfectorale pour en bien préciser le but et la portée.

Elle prescrivait (2) l'ouverture de la vanne transversale du canal voûté, en se fondant sur ce que les habitants d'Entraigues manquaient de l'eau nécessaire à leurs besoins.

« *Que l'intérêt de la population et celui de la salubrité publique commandent de pourvoir d'urgence à ces besoins.* »

L'usinier s'étant refusé (3) énergiquement à exécuter les prescriptions administratives, l'autorité préfectorale

OBJECTIONS DU DEMANDEUR	TEXTE DU MEMOIRE EN DÉFENSE

(1) Seul l'arrêté du 27 septembre a prescrit exclusivement la suppression de la vanne incriminée. Cet arrêté a été exécuté immédiatement, le rapport du 10 octobre en fait foi. D'ailleurs, l'article 2 de cet arrêté donnait tout pouvoir à l'Administration pour vaincre la résistance de l'usinier, si cette résistance se fût réellement produite.

(2) Quant à l'arrêté du 29 octobre, il avait un but tout différent de celui qui lui est attribué ci-contre. Il prescrivait exclusivement le règlement d'office des usines à garancine et de papeterie, dont on méconnaissait l'existence légale. (Voir le texte.) L'auteur du Mémoire invoque faussement cet arrêté, basé, par erreur, sur un prétendu défaut d'autorisation, qui seul eût pu l'autoriser, mais qui n'existent, et dont les arrêtés suivants furent, néanmoins, la conséquence obligée, ainsi que le déclara l'arrêté du 6 juillet 1861, qui les annule tous.

(3) C'est absolument faux : le chômage avait été prononcé dès le 19 septembre.

(4) C'est faux : cette obligation n'avait pas de raison d'être, puisque la vanne avait été supprimée dès le 27 septembre. (Voir d'ailleurs ci-après ce qui est dit de l'arrêté du 4 août 1851.)

Et l'arrêté du 26 juin 1851 ? Pourquoi l'auteur du Mémoire omet-il d'en parler ?

Avait-il aussi, celui-là, pour but de poursuivre la suppression de la fameuse

dut intervenir une seconde fois, les 27 septembre (1) et 29 octobre (2) de la même année.

A défaut de l'ouverture de la vanne, sa suppression d'office était ordonnée, et le chômage (3) de la cartonnerie et de l'usine était prononcé.

Il convient d'ajouter d'ailleurs que la mise en chômage, prescrite les 27 septembre et 29 octobre, a été levée le 2 décembre suivant, par suite de la crue des eaux.

Ce dernier arrêté du 2 décembre maintenait, toutefois, pour le sieur Marie l'obligation (4) de tenir sa vanne ouverte pendant l'étiage. Néanmoins, la saison des basses eaux étant revenue, le propriétaire des usi-

OBJECTIONS DU DEMANDEUR	TEXTE DU MÉMOIRE EN DÉFENSE

vanne ? Son texte ne prête pas à ambi-guïté : il mettait seulement l'usinier en demeure de justifier avant le 1ᵉʳ juillet 1852, par un jugement ou une transac-tion, que le canal propre de son usine était bien sa propriété et non celle de la commune d'Entraigues.

(1) C'est faux : l'arrêté du 4 août fait nettement ressortir au contraire qu'il est préférable de laisser à l'usinier la libre disposition de ses vannes et de le soumettre seulement à l'obligation de les manœuvrer de manière à ce que les eaux atteignent constamment un niveau déter-miné, dans le canal qui traverse le village.

(2) Il n'a été fait à cette époque d'au-tre mise en demeure que celle du 26 juin mentionnée ci-dessus.

(3) Ces mesures font l'objet de l'arrêté du 5 novembre 1852, dont le motif n'est point l'indue résistance de l'usinier à l'enlèvement de la fameuse vanne ; mais il est tout différent. Cet arrêté, ainsi que l'indique clairement son texte, était ex-clusivement motivé par l'insuffisance, aux yeux de l'Administration, des titres pro-duits par l'usinier, en suite de l'injonc-tion du 26 juin 1851.

Il convient d'ajouter que, devant les justes doléances de l'usinier, M. le Pré-fet promit de lever le chômage, si l'usi-nier consentait à prendre l'initiative dans le litige relatif à la propriété du canal, soulevé par la Commune. Le rapport du 29 décembre fait foi de cette promesse et

nes s'obstina à refuser d'obéir (1) à cette prescription. C'est pourquoi la suppression d'office de la vanne lui fut imposée une seconde fois, par arrêté du 4 août 1851.

Cette dernière mise en demeure (2), étant comme les précédentes restée sans exécution, fut bientôt suivie de deux décisions qui devaient vaincre définitivement l'in-due résistance de l'usinier.

Elles ordonnaient (3) : 1° le scellement d'une barre de fer destinée à empêcher la fermeture de la vanne ; 2° le cadenassage des roues des deux usines mises en chômage.

OBJECTIONS DU DEMANDEUR	TEXTE DU MÉMOIRE EN DÉFENSE

de l'avis conforme de M. l'Ingénieur en chef. Mais cette promesse dut échouer devant les exigences du maire d'Entraigues seul, lequel mettait à la levée du chômage une condition telle, que M. l'Ingénieur en chef, dans son rapport du 15 janvier 1853 déclare « qu'une levée de chômage à condition de maintenir ce point d'eau serait illusoire. »

(1) C'est du propriétaire de l'usine qu'il s'agit ici et non du locataire.

(2) Cette singulière idée se trouve couchée tout au long dans tous les rapports des Ingénieurs qui ont eu à instruire l'affaire, dans ses diverses phases : MM. Perrier, Gendarme de Bevotte, de Thélin et Bouvier. De plus, l'Administration a fait plaider par son avocat, M. Pourquery de Boisserin, la compétence exclusive de la Commune dans l'action qui a abouti à l'arrêté du Conseil de préfecture du 29 avril 1887.

(3) Pourquoi n'est-il point parlé du jugement du 29 juin 1853 sur la question principale, celle de propriété du canal contestée à l'usinier par la commune, prétention qu'elle n'osa plus soutenir en appel? La question de dommages-intérêts était seulement une demande accessoire.

(4) Si la Cour a rejeté la demande accessoire de dommages-intérêts , c'est

III. — C'est alors que le sieur Marie (1), sous le prétexte que les décisions préfectorales sus rappelées auraient été spécialement rendues dans l'intérêt des habitants de la commune d'Entraigues, eut la singulière idée (2) d'actionner directement le maire d'Entraigues devant le tribunal de Carpentras.

Il concluait à ce que la commune d'Entraygues fût déclarée sans qualité, pour mettre obstacle à l'exercice de ses droits de propriétaire sur les eaux, canaux et usines du Moulin des Toiles, et formulait une demande d'indemnité, basée sur l'empêchement apporté à l'exercice de ses dits droits, par les arrêtés administratifs de chômage partiel ou total, rendus au profit de la dite Commune.

En vertu de ses pouvoirs de haute tutelle administrative sur la commune d'Entraigues, M. le Préfet de Vaucluse crut devoir présenter, le 16 février 1853, un déclinatoire d'incompétence sur le chef de demande relatif aux dommages-intérêts.

Le tribunal, par un jugement du 23 mai 1853 (3), a fait droit à ce déclinatoire. Le sieur Marie a interjeté appel de ce jugement le 19 novembre 1853, et la Cour de Nîmes s'étant déclarée compétente, le Préfet a pris un arrêté de conflit, qui a d'ailleurs été annulé par décret sur conflit du Conseil d'État du 10 mars 1854.

Mais par son arrêt au fond du 6 mai 1856, la Cour a rejeté (4) la demande du sieur Marie, en se fondant sur

| OBJECTIONS DU DEMANDEUR | TEXTE DU MÉMOIRE EN DÉFENSE |

uniquement à cause de la mention fausse contenue dans les arrêtés préfectoraux du défaut d'autorisation des usines, *et non pour le motif allégué ci-contre. Le dispositif ci-dessous de l'arrêt ne peut, pour quelqu'un de bonne foi, prêter à fausse interprétation :*

« *Attendu que les arrêtés de la Pré-* « *fecture, dont se plaint Marie Chevalier,* « *sont basés* sur le défaut d'autorisation « des usines, *sur la salubrité et l'intérêt* « *publics, etc. ;*

« *Que c'était audit Marie à régulariser* « *sa position en se soumettant à la loi et* « *en demandant* l'autorisation de ses usi-« *nes avant leur mise en activité ; qu'il* « *ne peut donc imputer qu'à lui-même les* « *conséquences du chômage dont il se* « *plaint ;*

« *Attendu dès lors que la demande en* « *dommages-intérêts, dirigée contre la* « *Commune, est mal fondée et qu'il y a* « *lieu de la rejeter.* »

(1) *C'est absolument faux. L'arrêté du 24 août 1853 n'a point annulé les précédents, ni mis fin au chômage. Il a seulement (*voir son texte*) modifié l'état de chômage en l'aggravant d'ailleurs. En effet, il prononçait la levée du chômage absolu, prononcée le 5 novembre précédent, des fabriques de garancine et de papier, mais soumettait la marche des usines à la condition de maintenir les eaux dans le canal qui traversait le village au niveau réclamé par le Maire en janvier,*

ce qu'il ne pouvait imputer qu'à propre résistance, l'établissement du chômage dont il se plaignait.

Un pourvoi, formé devant la Cour de cassation, a été rejeté.

IV. — Cependant, M. le Préfet de Vaucluse avait, par décision du 24 août 1853 (1), définitivement confirmé le 6 juillet 1861, annulé les divers arrêtés précédents, par lesquels il avait prononcé la mise en chômage.

OBJECTIONS DU DEMANDEUR	TEXTE DU MÉMOIRE EN DÉFENSE

ce même niveau que M. l'Ingénieur en chef déclarait incompatible avec la marche des usines par son rapport du 15 janvier. La conséquence de cette modification de l'état de chômage, fut donc de rendre impossible la marche de la fabrique de garance, dont l'autorisation n'a jamais été contestée.

L'effet de cet arrêté du 24 août 1853 s'est prolongé jusqu'au 6 juillet 1861, ainsi qu'en témoignent les rapports des Ingénieurs, en date des 22 juillet, 6 août 1859 et l'avis confirmatif du Préfet du 12.

(1) Cette obligation n'a a été prescrite que par l'arrêté du 6 juillet 1861, lequel seul annula les précédents, en reconnaissant enfin que les usines avaient bien été valablement réglementées par l'ordonnance du 7 juillet 1847, ce que l'Administration avait contesté durant onze années.

(2) Cette erreur, si toutefois c'en était une, ce n'était point l'usinier qui la commettait, mais bien l'Administration elle-même, qui n'a cessé de proclamer, dans tous ses rapports, que c'était à la Commune qu'incombait la responsabilité des chômages.

D'ailleurs, si la Commune a pu échapper à la responsabilité des chômages, ce n'est qu'à cause de la mention fausse du défaut d'autorisation des usines contenue dans les arrêtés, laquelle a permis aux tribunaux de décider que les chô-

des usines. Une seule obligation (1) était désormais imposée au sieur Marie : il devait, dans le délai d'un an, procéder à la régularisation de sa situation, au point de vue du décret de 1810 et de l'ordonnance de 1815 sur les établissements insalubres.

V. — Après avoir vu ses prétentions successivement rejetées par tous les tribunaux de l'ordre judiciaire, le sieur Marie, persistant dans l'inexplicable erreur de droit (2) qui lui faisait choisir la Commune d'Entraigues comme adversaire responsable du préjudice à lui causé par les décisions préfectorales rendues de 1850 à 1861, résolut d'attaquer cette commune devant la juridiction administrative.

Par une requête introductive d'instance du 30 juillet 1861, l'usinier a donc introduit devant le Conseil de préfecture de Vaucluse une action tendant à obtenir de la Commune d'Entraigues réparation des dommages subis par suite du chômage de ses établissements.

OBJECTIONS DU DEMANDEUR

mages n'étaient point dus aux revendi-
cations et sollicitations de la Commune,
mais bien à ce défaut d'autorisation.

(1) Si les mesures administratives
eussent été régulières et non entachées
de l'erreur relative à l'existence légale
des usines, la connaissance des dommages
en résultant eût bien appartenu au Con-
seil de préfecture, par application de
l'art. 37 de la loi de 1807, invoquée
dans l'arrêté du 19 septembre 1850 et
aussi parce qu'elles auraient alors cons-
titué un véritable travail public.

(2) Si le Ministre a répondu en 1885
que la demande n'était susceptible d'au-
cune suite administrative, c'est parce
qu'il estimait avec les Ingénieurs que,
« les mesures administratives ayant été
« prises à l'instigation et dans l'intérêt
« exclusif dans la commune d'Entraigues

TEXTE DU MÉMOIRE EN DÉFENSE

Par une décision du 8 janvier 1862, confirmée par arrêt du Conseil d'État du 18 décembre 1863 (Leb., page 12), le Conseil a repoussé (1) la requête du sieur Marie, par ce motif qu'elle n'était que la reproduction de la demande déjà jugée par les tribunaux de l'ordre judiciaire.

VI. — Le requérant imagina alors de mettre l'Administration en demeure de faire procéder aux formalités d'expropriation de ses usines du Moulin des Toiles. Le 3 mars 1877, il assigna le Préfet dans le but de faire procéder à cette expropriation. Bien entendu cette assignation demeura sans résultat.

Persistant dans l'idée de faire fixer par un jury d'expropriation l'indemnité à laquelle il croyait avoir droit, le sieur Marie adressa à cet effet un Mémoire à M. le Ministre de l'Agriculture.

Cette demande inaugurait une longue série de réclamations tendant au même but.

Considérant avec raison que l'usinier n'avait pas été dépossédé et qu'il ne saurait en conséquence être question d'expropriation, le Ministre n'a pu donner aucune suite administrative (2) à ces demandes successives.

VII. — C'est dans ces conditions que, le 20 avril 1886, le sieur Marie a assigné l'État devant le Conseil de préfecture de Vaucluse, pour obtenir une indemnité

OBJECTIONS DU DEMANDEUR	TEXTE DU MÉMOIRE EN DÉFENSE

« (rapport du 11 août 1884) », *c'était à celle-ci qu'incombait la responsabilité de ces mesures.*

Et si l'usinier, malgré cela, a actionné l'État et non la commune, c'est qu'il prévoyait que par le fait du précédent de l'arrêt du 6 mai 1856, relatif au propriétaire, une demande de sa part, engagée contre la commune, devant les Tribunaux civils, serait écartée comme mal fondée, ainsi qu'en a décidé, en effet, l'arrêt du 4 août 1891.

en réparation du préjudice à lui occasionné par la mise en chômage de ses usines, de 1850 à 1853.

Par arrêté du 29 avril 1887, le tribunal administratif s'est déclaré incompétent, en se fondant sur ce qu'aucune loi ne réserve au Conseil de préfecture la connaissance des demandes en dommages-intérêts formées par des particuliers, pour le préjudice causé par des mesures administratives ne se rattachant pas à des travaux publics.

Le sieur Marie ne songea pas cette fois à faire appel de cette décision, et il préféra retourner devant le tribunal de Carpentras.

VIII. — Par acte introductif d'instance des 27 et 29 avril 1889, il assignait conjointement la commune d'Entraigues, représentée par son maire, et l'État représenté par M. le Préfet de Vaucluse, en paiement d'une somme à fixer ultérieurement pour réparation du préjudice résultant des entraves apportées à l'exercice de ses droits de propriétaire, sur les usines et canaux du domaine des Toiles de 1853 à 1861.

Par son jugement du 13 août 1889, le tribunal de Carpentras a repoussé la demande du sieur Marie, en se fondant sur l'autorité de la chose jugée en ce qui concerne la Commune d'Entraigues, et sur la prescription trentenaire de l'action du demandeur contre l'Administration.

OBJECTIONS DU DEMANDEUR	TEXTE DU MÉMOIRE EN DÉFENSE

Ce jugement a été déféré le 29 novembre 1889 à la Cour de Nîmes, et le 29 juillet 1890, la dite Cour a rendu un premier arrêt avant dire-droit.

Par cet arrêt, la Cour déclarait surseoir à statuer pendant un délai de six mois, pour permettre au Ministre de prononcer, s'il y a lieu, la déchéance quinquennale.

(1) Sans doute parce qu'elle n'était point applicable.

Cette mesure de comptabilité publique ne fut pas prise (1); mais, sur les instructions qu'il reçut du Ministre, M. le Préfet de Vaucluse formula, à l'expiration du délai indiqué par la Cour, un déclinatoire (2) d'incompétence, auquel il fut fait droit par un arrêt du 4 août 1891.

(2) Pourquoi ne pas le formuler avant la demande de sursis? A quoi servait de faire vider cette question préjudicielle, puisque la Cour était incompétente, ce que l'on ne pouvait ignorer, sur la question de fond?

La même décision confirmait d'ailleurs, en ce qui concernait la Commune d'Entraigues, le jugement du tribunal de Carpentras.

(3) Que ne les lui épargnait-on ? N'était-ce point le devoir de l'Administration ? Loin de là, on s'est toujours fait un devoir d'embrouiller et de compliquer à plaisir une situation due exclusivement aux torts de l'Administration.

Si l'on savait par avance que cette nouvelle instance était inutile, quelle excuse a donc l'Administration d'en avoir fait durer l'instruction pendant trente mois ? La loi du 22 juillet 1889 déclare que de tels retards constituent à eux seuls un véritable deni de justice.

IX. — Le sieur Marie ne s'est pas pourvu en cassation contre cet arrêt, mais, poursuivant l'inconcevable série de ses procédures inutiles (3), il est revenu devant le Conseil de préfecture.

La nouvelle requête, en date du 10 avril 1893, tend comme celle qui a été repoussée par l'arrêté du 29 avril 1887, à faire condamner l'État à lui payer une indemnité à fixer par experts, à raison du préjudice que lui auraient causé les arrêtés préfectoraux déjà visés dans sa demande de 1886.

OBJECTIONS DU DEMANDEUR	TEXTE DU MÉMOIRE EN DÉFENSE

Discussion

~~~~

Nous pourrions, après cet exposé aussi fidèle (1) que succinct de l'historique de l'affaire, nous dispenser de toute discussion.

Il est bien évident, en effet, que le Conseil de préfecture ne saurait accueillir la demande de M. Marie. Il l'a en effet définitivement repoussée par son arrêté du 29 avril 1887.

L'effet de cet arrêté subsiste aujourd'hui, et ses motifs n'ont rien perdu de leur valeur. Il ne s'agit pas ici d'une demande d'indemnité basée sur l'exécution ou le défaut d'exécution d'un travail public, mais de dommages-intérêts qui seraient dus par l'État à raison d'arrêtés administratifs pris par le Préfet dans l'exercice de ses pouvoirs (2) sur la police des eaux. Une pareille demande, ne rentrant à aucun point de vue dans les matières déférées par la loi à la juridiction exceptionnelle des Conseils de préfecture, ne peut qu'être repoussée sans examen (3) par cette juridiction.

Nous devons ajouter que, par une doctrine et une jurisprudence absolument constantes, les mesures de police prises par l'autorité administrative dans l'intérêt du libre écoulement des eaux (4) et de la salubrité publique ne sont, en aucun cas, susceptibles d'ouvrir

(1) !!!

(2) Si le Préfet a le pouvoir et même le devoir de prendre des mesures de police réclamées par l'intérêt général et même par l'intérêt public, il ne peut sans excès de pouvoir faire usage de son pouvoir dans un but d'intérêt privé. Or, il est établi ici par l'Administration elle-même, notamment par ses rapports des 14 août 1884 et 13-15 juillet 1886, que les mesures préfectorales n'avaient en vue que « l'intérêt exclusif de la commune d'Entraigues » ; ces mesures constituaient donc un excès de pouvoir, une voie de fait, c'est-à-dire un délit ou quasi-délit tombant sous l'application des art. 1.382 et 1.383 du c. c.

(3) Après une instruction de trente mois.

(4) Oui, lorsqu'elles ont réellement en vue la satisfaction d'un intérêt général, mais lorsqu'elles ont en vue l'intérêt privé et même public, le droit à indemnité est formel.

OBJECTIONS DU DEMANDEUR	TEXTE DU MÉMOIRE EN DÉFENSE

contre l'État un droit à indemnité au profit des particuliers qui en souffrent directement ou indirectement.

Ce principe, rigoureux en apparence, se justifie en équité, comme l'expliquent tous les auteurs, par le caractère légal des cours d'eaux non navigables, qui appartiennent à la catégorie des choses communes et sur lesquels aucun ouvrage ne peut, par suite, être créé, ni maintenu dans des conditions nuisibles à la communauté.

Il est d'ailleurs conforme au principe général en vertu duquel les actes de police (4) ne peuvent jamais servir de base à une demande de réparation contre l'Administration.

(4) Si en principe il en est ainsi, il en est tout autrement lorsque l'Administration commet dans leur exécution une faute ou un excès de pouvoir ; le droit à indemnité réapparaît alors. (Perriquet 933-976.) Ici, les erreurs de l'Administration étant reconnues par elle, le droit à indemnité ne peut en aucun cas être contesté.

Voir notamment Laferrière, tome 2, pages 174; 394, etc.., et toute la jurisprudence du Conseil d'État, notamment 24 janvier 1834, Lambin ; 21 décembre 1837, Boutet ; 6 août 1839, Roubo ; 30 janvier 1847, Lambold de Fougères ; 17 juillet 1861, Delaloge ; 7 mai 1863, Proust ; 9 janvier 1885, Bouffard, etc., etc...

Par application de ces règles primordiales, le Conseil de préfecture ne saurait manquer de se déclarer incompétent (1), et nous estimons qu'il n'y a pas même lieu de faire valoir les diverses raisons, soit de prescription, soit de fond, qui viendraient encore s'opposer à l'admission de la demande.

(1) Pourquoi M. le Préfet admettait-il, dans son premier mémoire en défense, en date du 4 juillet 1893, la compétence du Conseil ?

Signé : Ch. BERNIER,

Avocat au Conseil d'État.

Critique
du Mémoire ci-devant

Les annotations faites au droit du texte du Mémoire en défense ci-dessus établissent péremptoirement que l'historique de l'affaire y a été sciemment dénaturé, dans un but intéressé. Cette assertion est confirmée par le soin pris par l'auteur de ce Mémoire :

1° De passer sous silence le prétendu *défaut d'autorisation des usines mentionné dans tous les arrêtés préfectoraux* ;

2° De taire également les contestations entre le propriétaire et la commune d'Entraigues, relatives à la propriété du canal de l'usine ;

3° De *réduire l'action de l'Administration* à la poursuite de la suppression de la vanne placée en tête du canal qui va au village.

4° Enfin, d'appliquer à Augustin-Théodore Marie, locataire de l'usine en 1850, demandeur au procès actuel, en vertu de réserves signifiées en 1853, des décisions administratives et civiles rendues, à cette époque, contre Pierre-Barthélemy Marie, dit Chevalier, propriétaire-bailleur de l'usine et étranger à la cause actuellement pendante.

Il est en effet de toute évidence que les mesures administratives sont la conséquence de *l'erreur de l'Administration* sur l'existence légale des usines. Estimant, mais à tort, se trouver en présence d'usines *non auto-*

risées, elle cède aux doléances de la Commune qui se prétendait propriétaire du canal, préjugeant ainsi gratuitement le résultat de la contestation.

Il est manifeste que les dites mesures ne sont point des *règlements généraux de police*, mais seulement des mesures *provisoires* prises en attendant que la solution de la contestation relative à la propriété du canal permette d'achever l'instruction du *règlement d'office* des usines, prescrit par l'arrêté du 29 octobre 1850. Cette appréciation est pleinement confirmée par le rapport du 6 août 1859, de M. l'Ingénieur en chef Gendarme de Bevotte. Or l'Administration ayant dû, à la suite de l'enquête ordonnée par le Ministre en 1860, reconnaître son erreur, ces mesures provisoires durent faire place à un règlement définitif, lequel ne fut autre que celui fait en 1847, l'Administration reconnaissant enfin la validité de l'ordonnance réglementaire de l'usine, méconnue depuis 1850.

C'est donc *l'erreur* de l'Administration *relativement à l'existence légale des usines* qui a été le vrai motif de cette longue série de mesures, et par suite des chômages qui en ont été la conséquence, comme aussi l'unique cause de l'insuccès de la demande d'indemnité dirigée contre la commune d'Entraigues.

Cette *erreur* étant le fait du Préfet, l'État, son commettant, doit assumer la responsabilité des *fautes* de son préposé, par application des art. 1382, 1383 et 1384 du Code civil.

Avignon, le 4 janvier 1866.

Signé : Aug. Marie

www.ingramcontent.com/pod-product-compliance
Lightning Source LLC
Chambersburg PA
CBHW050355210326
41520CB00020B/6330